Primeira edição em língua inglesa em 2013.
Primeira edição em língua portuguesa em 2014.
Reimpresso em 2017 e 2023.

Título original:
What is Buddhism?

Tradução do original autorizada pelo autor.

Tradução, Revisão e Diagramação Tharpa Brasil

Dados Internacionais de Catalogação na Publicação (CIP)

Kelsang,Gyatso (Geshe), 1931-2022
O que é o budismo? / Geshe Kelsang Gyatso; tradução Tharpa Brasil - São Paulo: Tharpa Brasil, 2017. (Budismo para crianças, 3).
32p.

Título original em inglês: What is Buddhism?

ISBN 978-85-85928-80-3

1.Budismo. 2. Budismo/histórias infantis.
CDD-294.3

Índices para catálogo sistemático:
1. Budismo: Religião 294.3

Este livro é publicado sob os auspícios do
Projeto Internacional de Templos da NKT-IKBU,
e o lucro recebido com a sua venda está direcionado
para benefício público através desse fundo.
[Reg. Charity number 1015054 (England)]
Para mais informações:
tharpa.com/br/beneficie-todos

2023

EDITORA THARPA BRASIL
Rua Artur de Azevedo, 1326 - Pinheiros
05404-003 - São Paulo, SP
www.tharpa.com/br
@tharpabrasil
+55 11 989595303
contato.br@tharpa.com

EDITORA THARPA PORTUGAL
Rua Moinho do Gato, 5
2710-661 - Várzea de Sintra, Sintra
www.tharpa.pt
@tharpaportugal
info@tharpa.pt

O que é o Budismo?

VENERÁVEL GESHE KELSANG GYATSO RINPOCHE

Budismo para Crianças – Nível Três

EDITORA THARPA
BRASIL · PORTUGAL

São Paulo, 2023

O que é o Budismo?

Tathagata, Destruidor de Inimigos, Buda Completamente Perfeito,
Glorioso Conquistador Shakyamuni

Budismo é a prática dos ensinamentos de Buda. Esses ensinamentos são também chamados de "Dharma", que significa "proteção". Por praticar os ensinamentos de Buda, os seres vivos ficam protegidos do sofrimento para sempre. O fundador do budismo é Buda Shakyamuni que, em 589 a. C., em Bodh Gaya, na Índia, mostrou como alcançar o objetivo supremo dos seres vivos: a iluminação. A pedido dos deuses Brahma e Indra, Buda começou, então, a dar profundos ensinamentos – ou seja, "girou a Roda do Dharma". Buda deu 84 mil ensinamentos e, a partir desses preciosos ensinamentos, o budismo se desenvolveu neste mundo.

Precisamos saber que, embora queiramos ser felizes o tempo todo, não sabemos como fazer isso e estamos sempre destruindo nossa própria felicidade quando geramos raiva, visões negativas e intenções negativas. Até em nossos sonhos, estamos sempre tentando fugir de problemas, mas não sabemos como nos libertar do sofrimento e dos problemas. Como não entendemos a verdadeira natureza das coisas, estamos sempre criando nosso próprio sofrimento e problemas ao fazer ações não virtuosas ou inadequadas. Precisamos praticar os ensinamentos

Tathagata Completo Subjugador com a Essência do Vajra

Tathagata Joia de Luz Radiante • Tathagata Poderoso Rei dos Nagas

de Buda porque não existe outro método verdadeiro para solucionar os problemas humanos. A tecnologia moderna, por exemplo, não pode ser considerada um método verdadeiro para solucionar os problemas humanos porque, com frequência, ela causa mais sofrimentos e perigos.

A fonte de todos os nossos problemas e sofrimentos do dia a dia é o nosso desejo descontrolado, também conhecido como "apego". Desde tempos sem início, temos feito muitos tipos de ações não virtuosas (ações que prejudicam os outros) porque temos tido um desejo descontrolado em satisfazer nossas próprias vontades. Como resultado, experienciamos continuamente diversos tipos de sofrimento e condições de infelicidade vida após vida, sem-fim. Quando nossos desejos não são satisfeitos, normalmente experienciamos sensações desagradáveis, como infelicidade ou depressão: essas sensações desagradáveis são o nosso próprio e verdadeiro problema, porque somos muito apegados à satisfação dos nossos desejos. Quando perdemos um amigo muito próximo, experienciamos dor e infelicidade, mas isso acontece somente porque não somos capazes

Tathagata Líder dos Heróis

Tathagata Prazer Glorioso • Tathagata Joia Fogo

de controlar nosso desejo. Quando perdemos nossas posses e coisas que gostamos, sentimos infelicidade e ficamos tristes e zangados. O motivo é que temos um desejo descontrolado por essas coisas. Se fôssemos capazes de controlar nosso desejo, não haveria base para sentir esses problemas. Muitas pessoas se envolvem em lutas, brigas, ações criminosas e até mesmo guerras: todas essas ações nascem do desejo descontrolado que elas têm pela satisfação de suas próprias vontades. Assim, podemos ver que não há um único problema experienciado pelos seres vivos que não venha de seus desejos descontrolados. Isso prova que, se não controlarmos nosso desejo, nossos problemas nunca irão acabar. Portanto, qualquer pessoa – budista ou não-budista – que não queira mais experienciar problemas e sofrimento, precisa aprender a controlar seus desejos treinando meditações específicas, que são apresentadas nos ensinamentos de Buda.

Precisamos entender que nossos problemas não existem fora de nós: eles fazem parte da nossa mente quando ela está experienciando sensações desagradáveis. Por exemplo, quando nosso computador tem um problema, normalmente dizemos

Tathagata Joia Luar

Tathagata Contemplações Significativas • Tathagata Joia Lua

“eu tenho um problema”: mas o problema é do computador, não é um problema nosso. O problema do computador é um problema exterior, fora de nós. Nosso problema (nossa sensação desagradável) é um problema interior, dentro de nós. Esses dois problemas são totalmente diferentes. Precisamos resolver o problema do computador consertando-o, e precisamos resolver nosso próprio problema controlando nosso desejo pelo computador. Se conseguirmos resolver o problema do computador, mas formos incapazes de controlar nosso desejo por ele, continuaremos a experienciar novos problemas relacionados com o computador. Isso acontece também com nossa casa, dinheiro, amizades e assim por diante. Porque as pessoas acreditam, equivocadamente, que problemas exteriores são seus verdadeiros problemas, a maioria busca refúgio último, definitivo, em objetos errôneos. O resultado é que seus sofrimentos e problemas nunca acabam.

Enquanto não formos capazes de controlar nossas delusões, ou aflições mentais (como o nosso desejo descontrolado, por exemplo), teremos de experienciar sofrimento e problemas continuamente nesta vida e vida após vida, sem-fim.

Tathagata O Imaculado

Tathagata Doador de Glória • Tathagata O Puro

Como estamos firmemente amarrados aos prazeres do *samsara*, o ciclo de vida impura, pela corda do desejo descontrolado, é impossível ficarmos livres do sofrimento e dos problemas, a não ser que pratiquemos o Dharma – os ensinamentos de Buda. Entendendo isso, devemos desenvolver e manter uma forte vontade de abandonar a raiz do sofrimento – o desejo descontrolado. Essa forte vontade é chamada "renúncia", e surge da nossa sabedoria.

Os ensinamentos de Buda são métodos científicos para resolver os problemas de todos os seres vivos, para sempre. Colocando os ensinamentos de Buda em prática, seremos capazes de controlar nosso desejo e, assim, ficaremos livres para sempre de todos os nossos sofrimentos e problemas. Podemos então entender, simplesmente com esta explicação, como os ensinamentos de Buda, o Dharma, são preciosos e importantes para todos. Como foi dito, já que todos os nossos problemas vêm do desejo descontrolado e não existe método melhor que o Dharma para controlar nosso desejo, fica claro que só o Dharma é o verdadeiro método para resolver nossos problemas do dia a dia.

Tathagata que Transforma com Pureza

Tathagata Deidade Água • Tathagata Deus das Deidades Água

Todo mundo diz “minha mente, minha mente”, mas se alguém perguntar “o que é a mente?”, não teremos uma resposta clara. Algumas pessoas dizem que o cérebro é a mente, mas isso não é correto. O cérebro não pode ser a mente porque o cérebro é, apenas, uma parte do corpo: podemos ver o cérebro diretamente com os olhos e podemos, até mesmo, fotografá-lo. Porém, a mente não é uma parte do corpo: ela não pode ser vista com os olhos e não pode ser fotografada. Portanto, fica claro que o cérebro não é a mente. Nos ensinamentos de Buda, podemos encontrar uma resposta clara para a pergunta: “o que é a mente?”.

Buda deu explicações claras e detalhadas sobre a mente, que podemos ler a seguir. A mente é algo cuja natureza é vazia, semelhante ao espaço; a mente nunca teve características físicas, formato ou cor; e a função da mente é perceber e compreender objetos. Existem três níveis diferentes de mente: mente *densa*, mente *sutil* e mente *muito sutil*. Durante nossos sonhos, temos uma consciência, ou percepção, de sonho (uma consciência *onírica*): por meio dela, vários tipos de coisas sonhadas aparecem para nós. Essa consciência é uma mente sutil, o que

Tathagata Excelência Gloriosa

Tathagata Sândalo Glorioso • Tathagata Esplendor Infinito

significa que ela é difícil de ser percebida, reconhecida. Durante o sono profundo, temos apenas consciência mental, que percebe exclusivamente vacuidade. Essa consciência é chamada "clara-luz do sono" e é a mente muito sutil, o que significa que ela é extremamente difícil de ser percebida, reconhecida.

Quando estamos acordados, temos uma consciência, ou percepção, do estado acordado: por meio dela, vários tipos de coisas do estado acordado aparecem para nós. Essa consciência é a mente densa, o que significa que ela não é difícil de ser percebida. Quando dormimos, a mente densa (a consciência do estado acordado) dissolve-se em nossa mente sutil do sono. Ao mesmo tempo, todas as nossas aparências do mundo do estado acordado tornam-se não existentes; e quando estamos em sono profundo, a mente sutil do sono dissolve-se em nossa mente muito sutil do sono: a clara-luz do sono. Nessa etapa, ficamos parecidos com uma pessoa que morreu. Então, porque nossa conexão cármica com esta vida é mantida, nossa mente densa (a consciência do estado acordado) surge novamente a partir da clara-luz do sono e as várias coisas do estado acordado aparecem de novo para nós.

O processo de dormir é muito parecido com o processo de morrer. A diferença é que, quando morremos, nossas mentes densa e sutil se dissolvem na mente muito sutil da morte, denominada "clara-luz da morte". Depois, porque a conexão cármica com esta vida acabou, nossa mente muito sutil deixa nosso corpo, vai para a próxima vida e ingressa em um novo corpo. Então, todos os diversos tipos de coisas da próxima vida irão aparecer para nós. Tudo será totalmente novo.

Com essa explicação sobre a mente podemos entender, de modo muito claro, a existência de nossas vidas futuras. Assim, por praticar desde agora o Dharma – os ensinamentos de Buda – poderemos preparar a felicidade e a liberdade de nossas incontáveis vidas futuras. Não há maior significado que esse. Nossa vida atual é apenas uma vida, mas nossas vidas futuras são incontáveis. Portanto, não há dúvida de que as vidas futuras são mais importantes que esta vida.

Os ensinamentos de Buda apresentados neste livro são, principalmente, para crianças, mas qualquer pessoa que estudar e praticar esses ensinamentos irá experienciar grandes resultados.

Sobre o Autor

Venerável Geshe Kelsang Gyatso Rinpoche, ou Geshe-la, como é afetuosamente chamado por seus alunos, é um mestre de meditação budista renomado internacionalmente e que foi pioneiro na introdução do Budismo Moderno na sociedade contemporânea.

Por meio de seu exemplo pessoal, de seus textos e de seus ensinamentos públicos, ele demonstra de que modo todas as pessoas, budistas ou não budistas, podem, seguindo os conselhos de Buda, aprender a se tornar sábias e mais compassivas.

Os Oito Símbolos Auspiciosos

Imagens que simbolizam o caminho à iluminação

O Precioso Para-Sol

Venha para debaixo do para-sol do Budismo

O Precioso Peixe

Mantenha harmonia e alegria o tempo todo

O Precioso Vaso

Pegue, do precioso vaso do Dharma Kadam,
as preciosas joias da sabedoria e da compaixão

O Precioso Lótus

Desfrute da pureza de sua mente e de suas ações

A Preciosa Concha

Ouça o precioso som da concha do Dharma
e contemple e medite sobre seu significado

O Precioso Nó Indestrutível

Aplique grande esforço para alcançar a iluminação

O Precioso Estandarte da Vitória

Seja vitorioso sobre o inimigo: as suas delusões

A Preciosa Roda do Dharma

Beneficie os outros girando a Roda do Dharma

A coleção *Budismo para Crianças:*

A coleção **Budismo para Crianças** convida as crianças a fazerem uma viagem de autodescoberta e autoaperfeiçoamento para ajudá-las a realizarem seu pleno potencial.

O propósito não é convertê-las ao Budismo, mas simplesmente mostrar como todas as pessoas, budistas ou nâo budistas, podem aprender algo a partir dos ensinamentos de Buda.

Estes livros dirigem-se ao leitor de uma maneira madura, usando a vida e os ensinamentos de Buda como uma base para explorar muitas das questões e preocupações que afligem as crianças de hoje.

Embora estes livros sejam escritos principalmente para crianças, qualquer pessoa que deseje uma explicação clara sobre a essência do Budismo e como ele se aplica à vida moderna irá se beneficiar grandemente ao lê-los.

Para mais produtos sobre Budismo e Meditação, visite **www.tharpa.com/br**

Budismo para Crianças: Nível Um

A História de Angulimala

Budismo para Crianças: Nível Dois

A História de Buda

Budismo para Crianças: Nível Três

O que é o Budismo?

Budismo para Crianças: Nível Quatro

O que é Meditação?